SOUS-MARIN BARON

APPLICATION A LA NAVIGATION SOUS-MARINE

DES MOTEURS

A HYDROCARBURE ET ÉLECTRIQUES COMBINÉS

COPIE

DES PIÈCES OFFICIELLES

Établissant la Priorité et la Propriété de l'Inventeur

Montpellier, le 1er novembre 1899.

MONTPELLIER
IMPRIMERIE CENTRALE DU MIDI
(HAMELIN FRÈRES)
—
1899

SOUS-MARIN BARON

SOUS-MARIN BARON

APPLICATION A LA NAVIGATION SOUS-MARINE

DES MOTEURS

A HYDROCARBURE ET ÉLECTRIQUES COMBINÉS

COPIE

DES PIÈCES OFFICIELLES

Établissant la Priorité et la Propriété de l'Inventeur

Montpellier, le 1er novembre 1899.

MONTPELLIER

IMPRIMERIE CENTRALE DU MIDI

(HAMELIN FRÈRES)

1899

MINISTÈRE
DE LA MARINE
et
DES COLONIES

Direction :
MATÉRIEL

1er Bureau
Constructions navales

NOTA : Les réponses doivent être adressées au Ministre et porter l'indication ci-dessus.

Paris, le 9 juin 18 6.

Le Ministre de la Marine et des Colonies

à Monsieur Paul BARON,

Hôtel d'Antin, rue d'Antin, Paris.

Monsieur, vous avez bien voulu me faire connaître hier, verbalement, le principe sur lequel est basé l'appareil spécial que vous avez proposé d'appliquer à la navigation sous-marine, en vue d'actionner le propulseur et d'assurer la respiration libre des hommes dans un bateau sous-marin.

J'ai l'honneur de vous remercier de cette communication qui sera tenue complètement secrète. Mais j'estime qu'il n'y a pas lieu, pour le moment, d'appliquer votre invention à la navigation. Si le Département de la Marine était conduit, *dans l'avenir*, à faire étudier la construction d'un bateau sous-marin en utilisant d'une *manière quelconque* la communication que vous m'avez faite, il entrerait tout d'abord en relations *avec vous* pour déterminer les conditions dans lesquelles la Marine aurait le droit d'appliquer les principes de votre appareil, en sauvegardant vos intérêts personnels.

Je vous prie de vouloir bien passer dans la journée au bureau des constructions navales, au Ministère de la Marine, afin de régler les frais de voyage et de séjour qui doivent vous être soldés suivant les conditions antérieures.

Recevez, Monsieur, les assurances de ma parfaite considération.

Signé : AUBE

F. FOREST,

Constructeur-mécanicien, fournisseur du Ministère de la Marine, 76, quai de la Rapée, Paris.

Paris, 10 février 1891.

Monsieur BARON, ingénieur,

Hôtel d'Antin, rue d'Antin, Paris.

Nous nous sommes parfaitement rendus compte des principes que vous nous avez exposés pour réaliser votre projet d'un torpilleur sous-marin, actionné par des moteurs à air carburé en état de flottaison, et par une dynamo, lorsque ce torpilleur est sous l'eau.

Nous n'hésitons pas à déclarer que vos idées sont absolument pratiques, et pour notre part *nous sommes certains du succès*.

Nous sommes tout à votre disposition pour faire les études que vous nous indiquerez.

Vous avez vu dans nos ateliers une machine marine à *hydrocarbure* de la force de *quarante chevaux*, qui est destinée au yacht *Jolie Brise*, en ce moment au Havre. C'est sur ce même principe que nous construirons les deux moteurs de *votre sous-marin*. Ces machines sont à changement de marche et à mise en marche automatique, ce qui facilite grandement les manœuvres.

Bien entendu que *nous garantissons* la bonne construction et le bon fonctionnement des moteurs fournis par notre maison.

Veuillez agréer, Monsieur, nos empressées civilités.

Pour M. FOREST.

Signé : PHILIPPE.

P.-S. — Répondant à votre demande, nous disons que l'essence de pétrole *peut se conserver indéfiniment en vase clos et sans aucun danger*.

Nos moteurs ne sont pas sujets à l'emballement, même lorsque l'hélice découvre par une grosse mer.

Pour M. FOREST.

Signé : PHILIPPE, ingénieur.

ABEL LE MARCHAND
CONSTRUCTEUR
Rue Traversière, 15
AU HAVRE

Le Havre, 13 février 1891.

Monsieur Paul BARON,

Hôtel de Bordeaux,

au Havre.

MONSIEUR,

J'ai l'honneur de vous d'informer qu'après avoir examiné votre projet de bateau sous-marin dans lequel une machine *hydrocarburée* actionnerait le propulseur pendant la marche sur l'eau, la marche sous l'eau devant s'effectuer au moyen d'un moteur électrique.

Ce projet me paraît en tous points *absolument réalisable et pratique*, et je dois ajouter qu'en ce qui concerne les moteurs hydrocarburées, je puis en toute assurance en certifier le fonctionnement régulier, ayant eu l'occasion d'en faire dernièrement l'application sur les yachts *Djergely* et *Jolie Brise*. Ce dernier possède un moteur hydrocarburé système Forest de la force de 20 chevaux.

La Maison Forest est la seule actuellement qui puisse vous fournir de machines de 40 chevaux reversibles (c'est-à-dire marchant tantôt avant, tantôt arrière) ; cette dernière condition est absolument indispensable pour la réalisation et le bon fonctionnement de votre projet.

En ce qui me concerne personnellement (étude et construction de la coque et de l'aménagement intérieur des diverses machines qui devront actionner le bateau et toutes les dispositions nécessaires à un sous-marin, stabilité, navigabilité, etc., etc.), je suis tout disposé à en faire les études en vue d'obtenir les résultats d'autonomie et indépendance que vous désirez.

Mais il est bien entendu que je ne puis commencer cette étude, qu'après entente avec le constructeur des machines et qu'il m'aura remis les plans, poids et agencement des moteurs.

Avec ces documents, il me sera possible de déterminer les diverses dimensions que je devrai donner à la coque et calculer le déplacement total qu'elle devra atteindre.

Dès que vous aurez décidé de mettre votre projet à exécution, je vous engage à me mettre en rapport avec M. Forest, afin que nous puissions nous entendre sur les dispositions à prendre pour marcher avec certitude à un résultat pratique.

Veuillez agréer, Monsieur, l'expression de mes meilleurs sentiments.

Signé : ABEL LE MARCHAND.

COMITÉ
DU
SOUS - MARIN BARON
—
ON EST PRIÉ
d'adresser
LES COMMUNICATIONS
ou correspondances
à M. de BAICHIS ✳
ancien lieutenant de vaisseau
SECRÉTAIRE DU COMITÉ
rue d'Alger, 4
MONTPELLIER

Montpellier, le 20 mars 1891.

M

A une époque où les Français se montrent à juste titre soucieux des intérêts suprêmes de la patrie, il nous a paru bon d'appeler votre attention sur un projet qui intéresse à la fois la défense du territoire et la sécurité de nos ports. Ce projet, dont la réalisation serait la sauvegarde des intérêts économiques de notre pays, consiste à créer un modèle de torpilleur sous-marin d'après un système inventé par un de nos concitoyens, M. BARON.

Dans l'état actuel de l'Europe, la France a le devoir de ne rien négliger pour fournir à sa marine les moyens de rester maîtresse de la mer et d'assurer dans les conditions les plus complètes la défense des côtes. D'autre part, les populations du littoral, plus directement exposées, doivent se préoccuper particulièrement de tout ce qui peut contribuer à leur protection.

Or, comment arriver à ce double résultat, si ce n'est en créant des torpilleurs sous-marins capables d'exercer leur action pendant plusieurs jours consécutifs, et cela sans le secours d'aucun auxiliaire. Vous connaissez les expériences déjà faites, ainsi que les résultats obtenus tant en France qu'à l'étranger. Les sous-marins créés jusqu'à ce jour n'ont fourni qu'une durée de marche trop limitée pour pouvoir être pratiquement utilisés en cas de guerre. Le *sous-marin Baron* possèdera une durée de marche consécutive de trois jours et trois nuits ; il sera toujours prêt à se mettre en route, pourra récupérer de lui-même une partie de ses forces et sera donc véritablement autonome.

D'ailleurs les projets de M. Baron, étudiés théoriquement par des hommes tels que M. le docteur Crova, professeur de physique à la Faculté des sciences, membre correspondant de l'Institut ; M. le Dr Lannegrace, professeur de physiologie à la Faculté de médecine ; M. Massol, professeur à l'École supérieure de pharmacie ; M. le D^r Œchsner de Coninck, professeur à la Faculté des sciences, et quelques autres, ont été soumis à l'examen minutieux des constructeurs, M. Le Marchand, du Havre, et MM. Forest et Gallice, de Paris. Ces constructeurs ont, par écrit, reconnu catégoriquement la praticabilité absolue de l'idée et pris l'engagement de construire en garantissant le bon fonctionnement prévu par la théorie.

En présence des engagements de ces constructeurs, l'hésitation n'est plus permise : il faut poursuivre la réalisation du projet.

C'est dans ce but qu'un Comité s'est formé et a décidé de prêter son appui moral à M. Baron.

Une souscription est ouverte à l'effet de réunir les fonds nécessaires à la construction. Ce n'est pas une œuvre personnelle que patronne le Comité, c'est une œuvre française autant que méridionale

Nous avons déjà reçu les encouragements et l'approbation de plusieurs personnalités, et notamment, à Montpellier, de M. le Général en chef du XVIe corps d'armée, de M. le Préfet de l'Hérault et de Mgr l'Évêque.

Dans les villes voisines de Cette et d'Alger, des comités locaux se sont formés et nous apportent leur concours empressé.

En s'adressant à vous, le Comité espère que vous partagerez ses sentiments et que vous voudrez bien faire appel à vos concitoyens pour créer dans votre ville un Comité local et provoquer les souscriptions.

Nous vous adressons sous ce pli une liste de souscription que nous vous prions de faire remplir. Nous serions heureux si vous vouliez bien entrer en communication avec nous et nous aider à l'accomplissement de l'œuvre patriotique que nous poursuivons.

Veuillez agréer, Monsieur, l'assurance de ma plus parfaite considération.

POUR LE COMITÉ,

Le Président,
L. LE CAMUS ✻.

NOTA. — Nous avons eu l'honneur d'envoyer, il y a quelques jours, aux différents journaux du Midi, avec notre appel au public, les résultats des deux premières listes de souscription. Nous vous adressons aujourd'hui ces dernières, en vous priant d'user de votre influence pour les faire publier dans les journaux de votre ville, si elles ne l'ont déjà été.

COMITÉ D'HONNEUR

De BOISDENEMETZ, Général en chef, Commandant le XVIe Corps d'Armée.
CHRISTIAN, Préfet de l'Hérault.
Mgr. A. de ROVÉRIÉ de CABRIÈRES, Évêque de Montpellier.

COMITÉ DE MONTPELLIER

Président: M. LOUIS LE CAMUS, ancien commandant, chevalier de la Légion d'honneur.

Secrétaire: M. DE BAICHIS, ancien lieutenant de vaisseau, chevalier de la Légion d'honneur.

Trésorier: M. A. TISSIÉ-SARRUS, banquier, chevalier de la Légion d'honneur.

MM. C.-H. LEENHARDT, président de la Chambre de commerce, chevalier de la Légion d'honneur.

H. MESSINE, président du Tribunal de commerce.

BOMPARD, président du Conseil des prud'hommes.

L'abbé HENRY, docteur en théologie, aumônier du Lycée.

Marquis de CABRIÈRES.

FULCRAND, colonel du Génie en retraite, commandeur de la Légion d'honneur.

CASTETS, doyen de la Faculté des lettres, chevalier de la Légion d'honneur.

DESMAZES, chef de bataillon du Génie en retraite, officier de la Légion d'honneur.

MM. Dr DUBRUEIL, professeur à la Faculté de médecine, chevalier de la Légion d'honneur.

Dr JAUMES, professeur à la Faculté de médecine.

Dr BATLLE, professeur-agrégé à la Faculté de médecine.

ŒSCHNER DE CONINCK, professeur à la Faculté des sciences.

MASSOL, professeur à l'École de pharmacie, officier d'Académie, conseiller municipal.

CHAUSSE, professeur à la Faculté de droit, conseiller municipal.

PIERRON, professeur à la Faculté de droit.

RODOLPHE FAULQUIER, industriel.

LOUIS FAGES, propriétaire.

ÉTIENNE MARÈS, licencié ès-sciences.

GARIEL, directeur du journal le *Petit Méridional*.

DE CHEVIRON, directeur du journal le *Messager du Midi*.

ROBERT, directeur du journal l'*Université*.

DESQ, président de l'Association générale des Étudiants.

P. BARON.

COMITÉ DE CETTE

Président: M. SILVAIN ESPITALIER, chevalier de la Légion d'honneur.

Vice-Président: M. le Colonel COURTÈS, officier de la Légion d'honneur.

Secrétaire: M. COUZIN, sous-intendant.

Trésorier: M. G. CAFFAREL, chevalier de la Légion d'honneur.

MM. Dr CATHALA, chevalier de la Légion d'honneur.

COULON, vice-président de la Chambre de commerce.

MM. AYMERIC, président du Syndicat du commerce des vins.

WIMBERG, vice-consul de Russie.

LE PRÉSIDENT du Conseil des prud'hommes.

PAUL, ingénieur-constructeur.

GUÉRIN, président de la Société nautique.

COLLIÈRE, lieutenant de vaisseau, chevalier de la Légion d'honneur.

MARQUEROL, négociant.

MENON, négociant.

MAURIN, négociant.

BENCKER, négociant.

MINISTÈRE
DE LA MARINE
et
DES COLONIES

Secrétariat particulier
DU MINISTRE

Paris, le 28 septembre 1892.

MONSIEUR LE DÉPUTÉ ET CHER COLLÈGUE,

Vous avez bien voulu me transmettre et recommander à ma bienveillante attention une lettre de M. Baron, votre compatriote, qui me demande de soumettre à un nouvel examen le bateau sous-marin dont il est inventeur. Par dépêche du 17 septembre, j'ai avisé M. Forest, associé de M. Baron, que j'ai chargé la Commission des machines et du grand outillage de traiter avec lui pour l'achat éventuel du bateau sous-marin qu'il a proposé à la marine, de concert avec M. Baron. Cette décision donne satisfaction à M. Baron ; je suis heureux de vous en informer.

Veuillez agréer, Monsieur le Député et cher Collègue, les assurances de ma haute considération.

Le Ministre de la Marine et des Colonies,

Signé : A. BURDEAU.

A Monsieur DEANDREIS, député de l'Hérault.

MINISTÈRE
DE LA MARINE

Direction
Commission des machines
et du grand outillage
BUREAU

N° du Cabinet

Nota. Les réponses doivent être adressées à M. l'Ingénieur CHALLIOT.

Paris, le 23 février 1894.

Monsieur BARON,

23, rue de la Loge, Montpellier.

MONSIEUR,

J'ai l'honneur de vous informer que la Commission d'outillage vient de rendre compte au Ministre des pourparlers qu'elle avait engagés avec M. Forest, en vue de l'acquisition éventuelle d'un bateau sous-marin *présenté par vous et par M. Forest.*

Les démarches que vous avez faites, chacun de votre côté, pour arriver à réunir les capitaux nécessaires, n'ayant pas abouti, la commission d'outillage, dans son rapport au Ministre, a proposé de ne pas donner suite à l'affaire. Dans ces conditions, la minute du marché conditionnel qui vous avait été communiquée par M. Forest devient sans utilité.

Je vous prie, en conséquence, de vouloir bien me renvoyer sans retard cette minute de marché pour être déposée aux archives de la Commission d'outillage.

Recevez, Monsieur, l'assurance de ma considération distinguée.

*L'Ingénieur de la Marine, membre et rapporteur
délégué de la Commission des machines et du
grand outillage,*

Signé: CHALLIOT.

MINISTÈRE
DE LA MARINE
et
DES COLONIES

—

Direction
Commission des machines
et du grand outillage
—

BUREAU
—

N° du Cabinet

NOTA. Les réponses doi-
vent être adressées
à M. l'Ingénieur CHALLIOT

Paris, le 5 avril 1894.

Monsieur BARON,

23, rue de la Loge, Montpellier.

MONSIEUR,

J'ai eu l'honneur de vous écrire, le 23 février 1894, pour vous prier de vouloir bien me re-
tourner la minute du marché qui vous avait été communiquée par M. Forest et relative à l'achat
conditionnel d'un bateau sous-marin proposé *par vous et par M. Forest*.

Cette minute de marché devient sans objet par suite de la non-réussite de vos démarches
pour arriver à réunir les fonds nécessaires à cette entreprise.

Mais le document dont il s'agit contient des renseignements confidentiels qui ne permettent
pas de le laisser entre les mains de personnes étrangères au service de la Marine.

Je vous prie donc de vouloir bien m'accuser réception de la présente communication et de
me renvoyer la minute du marché en question qui appartient au département de la Marine.

Recevez, Monsieur, l'assurance de ma considération distinguée.

*L'Ingénieur de la Marine, membre et rapporteur
délégué de la Commission des machines et du
grand outillage,*

Signé : CHALLIOT.

Montpellier, 7 avril 1894

Monsieur Challiot, Ingénieur,

Ministère de la Marine, Paris.

Monsieur,

J'ai l'honneur de vous accuser réception de vos deux lettres.

Je vous prie de m'excuser si je n'ai pas répondu à la première ; très fatigué, et pas même complètement rétabli, je n'ai pu le faire malgré ma bonne volonté.

Malgré beaucoup de difficultés, je n'ai pas renoncé à trouver les capitaux nécessaires à cette construction, et, dans le cas contraire, je ne puis penser qu'il n'y ait pas un moyen quelconque d'entente avec M. le Ministre de la Marine.

J'ai l'honneur de vous informer que, par ce même courrier, j'écris à M. le Ministre pour lui demander un sursis à votre demande de retour du marché, et, aussitôt la réponse reçue, je vous le retournerai.

Veuillez agréer, Monsieur, l'assurance de ma parfaite considération.

Paul BARON,

23, rue de la Loge

Montpellier, 7 avril 1894.

Monsieur le Ministre de la Marine, Paris.

Monsieur le Ministre

Je viens de recevoir de M. Challiot une lettre, dans laquelle il me demande de renvoyer au Ministère de la Marine le marché relatif à la construction et à la livraison d'un torpilleur sous-marin de mon système; marché qui doit être déposé dans les archives de ce Ministère.

La raison de ce retrait est l'impossibilité dans laquelle nous nous sommes trouvés jusqu'ici de réaliser les fonds nécessaires pour la construction du sous-marin. Avant de renvoyer le marché, je viens vous prier, Monsieur le Ministre, de vouloir bien examiner à nouveau cette question et voir s'il n'existe pas une solution quelconque, une entente pratique avec le Ministère. Nous sommes tout disposés, avec M. Forest, à accepter et à étudier les propositions que vous voudriez bien nous faire.

Si, comme j'ai tout lieu de le croire, l'opinion des commissions qui ont été chargées d'examiner ce projet est en tout point favorable, il me semble difficile qu'une entente ne puisse avoir lieu, par la même raison que les usages de la Marine ne permettent pas d'agir autrement. Je vous serai reconnaissant, M. le Ministre, quelle que soit votre décision, de vouloir bien me faire savoir si le retrait de la minute du marché implique, de la part de votre département, un rejet définitif *par un classement aux archives du Ministère* et si, au cas où les fonds seraient trouvés, ce même marché serait toujours accepté par le Ministère.

En attendant, je vous prie d'agréer, M. le Ministre, l'assurance du plus profond respect avec lequel j'ai l'honneur d'être votre très humble serviteur.

Paul Baron,

23, rue de la Loge.

MINISTÈRE
DE LA MARINE

Direction :

MATÉRIEL

—

BUREAU
Constructions navales

NOTA. Les réponses doivent être adressées au Ministre et porter l'indication ci-dessus.

Prière de renvoyer la minute de son marché.

Paris, le 14 avril 1894.

Le Ministre de la Marine

à Monsieur BARON,

23, rue de la Loge, Montpellier.

Monsieur, en réponse à la lettre que vous m'avez adressée le 7 courant relative à votre marché, pour la construction et la livraison d'un torpilleur sous-marin, j'ai l'honneur de vous prier de vouloir bien me renvoyer la minute de ce marché.

Je dois d'ailleurs vous faire savoir que ce renvoi n'implique pas un rejet définitif de vos propositions.

Je me réserve d'examiner si un arrangement peut être conclu sur des bases différentes donnant à la Marine des garanties suffisantes.

Recevez, Monsieur, les assurances de ma considération distinguée.

Pour le Ministre et par son ordre :

Le Directeur du matériel,

J. HENIAN.

MINISTÈRE
DE LA MARINE

Direction :
MATÉRIEL
—

BUREAU
Constructions navales

N° du Cabinet

Nota . Les réponses doivent être adressées au Ministre et porter l'indication ci-dessus.

Un Ingénieur de la Marine se mettra en rapport avec lui pour étudier l'installation de ses moteurs à pétrole à bord du Morse.

Paris, le 26 juin 1894.

Le Ministre de la Marine

à Monsieur FOREST,

76, quai de la Rapée, Paris

Monsieur, en réponse à votre lettre du 21 avril dernier, j'ai l'honneur de vous informer que, prenant acte de votre proposition d'installer vos moteurs à pétrole sur le *Morse*, j'ai prescrit à l'auteur des plans de ce sous-marin, M. l'Ingénieur Romazzotti, de se mettre en rapport avec vous pour l'étude de cette installation.

Vous voudrez bien, en conséquence, fournir, au sujet de vos appareils, les renseignements qui pourront être jugés nécessaires.

D'autre part, il doit être bien entendu que, *dans cette nouvelle négociation, vous agirez vis-à-vis de la Marine avec le concours et pour le compte de M. Baron.*

Quant au projet de marché de sous-marin, précédemment élaboré par la Commission des machines et du grand outillage, il ne m'est pas possible, dans les circonstances actuelles, de le transformer en un marché ferme ; mais je serais tout disposé à l'approuver le jour où, par souscription ou autrement, vous auriez réuni, Monsieur Baron et vous, les capitaux nécessaires pour donner suite au projet.

Recevez, etc., etc.

Signé : FÉLIX FAURE.

Montpellier, le 2 juillet 1894.

MONSIEUR FOREST, PARIS.

Je réponds à votre silence et à votre lettre adressée au Ministre de la Marine le 21 avril dernier; je réponds également à la réponse qui vous a été faite le 26 juin par M. Félix Faure.

Comme principal intéressé dans cette affaire, je tiens à être au courant de tout ce qui se passe.

Avant de donner mon consentement à cette nouvelle combinaison, veuillez avoir l'obligeance de m'adresser dans le plus bref délai :

1º Le plan complet et détaillé du projet primitif des forges et chantiers de la Loire et acceptés par la Comission.

2º De me communiquer toutes les modifications apportées à ce plan; de m'adresser les calques de ces modifications ou des nouveaux plans arrêtés par vous et M. Romazzotti.

3º Je désire savoir si le *Morse* est un navire déjà essayé, ou s'il n'est seulement qu'en cours de construction.

Je tiens absolument à ce que vous fassiez droit à ma demande.

Si le silence de votre part devait être la seule réponse, vous me mettriez dans l'obligation regrettable pour vous de faire valoir la douzième ligne de la lettre ministérielle à vous adressée le 26 juin 1894.

Le Ministre *est engagé vis-à-vis de moi par une lettre officielle de l'amiral Aube, datant de 1886,* et il lui est fort difficile de se passer de moi à l'heure actuelle et *(d'utiliser d'une façon quelconque mes communications sans avoir à s'entendre avec moi).*

Et cette idée toute simple est celle décrite toute au long dans le paragraphe premier de notre contrat mutuel.

En attendant votre envoi et votre réponse, veuillez agréer mes sincères salutations.

PAUL BARON.

N.-B. Veuillez m'adresser en même temps copie des brevets pris par vous, au profit de la Société, depuis le 19 avril 1891.

Brevets ayant trait à *votre apport social sous la dénomination : combinaisons mécaniques.*

Paris, le 9 juillet 1894.

Votre lettre du 7 courant m'a été renvoyée de Toulon à Paris, où je suis actuellement. Il est donc inutile que vous vous dérangiez pour venir à Toulon.

Des ordres, en effet, ont été donnés, non pour *aménager* un appareil à hydrocarbure à bord du *Morse,* comme vous le dites dans votre lettre, mais pour *étudier* s'il serait possible d'installer, sur ce sous-marin, des moteurs du système Forest, suivant une proposition faite au Ministre par ce constructeur. J'ai été invité, à ce sujet, à entrer en rapport avec M. Forest, et j'ai entamé le travail qui m'a été confié. Vu le caractère tout spécial de cette étude, je ne pense pas que le Ministre y admette une collaboration autre que celle du constructeur des moteurs, la seule indispensable ; je ne puis donc me considérer comme autorisé à entrer en relation avec vous, à ce sujet. La Marine traite donc cette affaire uniquement avec M. Forest, qui doit agir vis-à-vis d'elle avec votre concours et pour votre compte ; et elle entend rester étrangère à toute immixtion dans les conditions de l'accord, qui devra s'établir entre M. Forest et vous.

M. Forest a, du reste, été prévenu officiellement de cette clause, et ce n'est que lorsqu'il m'aura annoncé que l'entente en question est établie, que j'entrerai avec lui dans le détail de cette étude, dont je lui ai parlé, jusqu'ici, d'une façon assez sommaire.

Veuillez agréer, Monsieur, l'assurance de ma considération distinguée.

ROMAZZOTTI,
Ingénieur de la Marine.

Le Ministre de la Marine, prévenu par MM. Déandreis, sénateur, et Salis, député, des agissements de M. Forest, écrivit à ce dernier la lettre du 26 juin 1894.

Prévenu moi-même par M. Félix Faure, qui voulut bien m'adresser un duplicata de la lettre adressée à Forest, j'écrivis à celui-ci la lettre du 2 juillet 1894, et, le 21 février 1895, je lui donnai l'autorisation d'installer un moteur à hydrocarbure sur le sous-marin le *Morse*.

DUPLICATA

Je soussigné P. Baron, domicilié à Montpellier, 23, rue de la Loge, autorise M. Forest, constructeur, domicilié à Paris, 76, quai de la Rapée :

1° A traiter en son nom personnel et à ses risques et périls avec le Département de la Marine, pour l'application, à titre d'essai sur le navire sous-marin le *Morse*, de l'ensemble du système déjà proposé pour le sous-marin Baron-Forest.

2° A traiter avec le Département de la Marine, pour la fourniture du moteur à pétrole et des accessoires nécessaires.

3° Dans le marché à intervenir entre le Département de la Marine et M. Forest, je décline toute responsabilité tant au point de vue du fonctionnement des appareils, de leur livraison, qu'au point de vue pécuniaire.

4° Le jour de la signature du marché, le Département de la Marine versera entre mes mains la somme de 10,000 francs, à titre d'indemnité, pour la seule application du système ci-dessus mentionné.

5° La présente autorisation n'est et ne demeurera valable que tout autant que la demande formulée à l'article 4 aura été acceptée par le Département de la Marine.

6° Il reste bien entendu que la présente autorisation n'est et ne sera applicable que sur le navire sous-marin le *Morse* uniquement.

Fait à Montpellier, le vingt-huit février mil huit cent quatre-vingt-quinze.

P. BARON, *signé*.

Enregistré à Montpellier, le 28 février 1895, folio 8, case 44, par le receveur qui a perçu les droits.

Je déclare que le présent duplicata est conforme à la procuration que j'ai reçue de M. Baron.

Paris, le 4 mars 1895.
FOREST.

Vu par le Maire du 13ᵉ arrondissement de Paris pour la légalisation de la signature. Forest apposée ci-dessus.

Paris, le 7 mars 1895.
PERNEL.

Montpellier, le 17 avril 1895.

MONSIEUR LE MINISTRE DE LA MARINE, PARIS

M. Forest m'a adressé copie de votre dépêche à laquelle j'ai l'honneur de répondre.

Mon système ayant été longuement examiné par les diverses commissions compétentes de notre département ; des modifications ayant été demandées une première fois et exécutées ; d'autres modifications ayant été demandées une seconde fois ; d'autre part, et après la conversation que j'ai eu l'honneur d'avoir avec vous, en présence de MM. Deandreis, sénateur, et Salis, député, j'estime qu'il n'y a pas lieu pour moi de soumettre mon système de torpilleur sousmarin au concours, et partant à un nouvel examen.

Ayant épuisé depuis plusieurs années tous les moyens possibles pour arriver à une entente avec votre Département et n'ayant pu y réussir, j'ai l'honneur de vous informer que pour l'avenir je m'en tiendrai strictement à la dépêche ministérielle du 9 juin 1886, dans laquelle je relève le paragraphe suivant : « Si le Département de la Marine était conduit *dans l'avenir* à faire étudier la construction d'un bateau sous-marin en utilisant d'une *manière quelconque* la communication que vous m'avez faite, il entrerait tout d'abord en *relation avec vous*, pour déterminer les conditions dans lesquelles la Marine aurait le droit d'appliquer les principes de votre appareil en sauvegardant vos intérêts personnels. *Signé :* AUBE.

N.-B. — M. Forest ayant par habitude de ne pas communiquer, ou très tard, les avis ou dépêches ministérielles, je vous prierai de vouloir bien à l'avenir, me les adresser directement.

Signé : BARON.

Montpellier, le 18 septembre 1897.

MONSIEUR LE MINISTRE DE LA MARINE, RUE ROYALE, PARIS.

MONSIEUR LE MINISTRE,

Je viens d'apprendre par les journaux que M. Forest venait d'obtenir le second prix pour son concours de sous-marin.

J'ai l'honneur, Monsieur le Ministre, de protester auprès de vous contre la façon indélicate avec laquelle M. Forest a agi à mon égard dans cette circonstance.

M. Forest n'avait nullement le droit de concourir sans mon autorisation, et cette autorisation il ne l'avait pas.

Dans tous les cas, son nom seul ne suffisait pas, et c'est sous le nom de Baron-Forest que le projet aurait dû être présenté au concours.

Votre Département, Monsieur le Ministre, n'ignore point qu'il a contracté vis-à-vis de moi des engagements (lettre du 9 juin 1886 dont j'ai l'honneur de vous adresser copie).

Il n'ignore point non plus que M. Forest est lié avec moi et ne peut, par conséquent, rien faire sans mon assentiment ; elle l'a reconnu par une lettre adressée à M. Forest le 26 juin 1894 et dont je vous adresse également copie, ainsi que d'une lettre du 28 septembre 1892.

Il existe, dans le programme du concours, un article qui dit en substance : que le Département de la Marine aura le droit de prendre dans tout projet primé tel détail qui pourrait lui être utile.

Le principe de mon appareil étant l'application simultanée des moteurs à hydrocarbure et dynamo-électrique combinés, je tiens essentiellement à faire toutes mes réserves, quant à leur emploi ou leur application par votre Département.

Je vous serais très reconnaissant, Monsieur le Ministre, de vouloir bien me faire connaître les intentions de votre Département au sujet de cette affaire.

Je vous prie d'agréer, Monsieur le Ministre, l'assurance de mon profond respect.

Signé : P. BARON.

23, rue de la Loge.

MINISTÈRE
DE LA MARINE

Direction :
MATÉRIEL

—

BUREAU
Constructions navales

N° du Cabinet

NOTA : Les réponses doivent être adressées au Ministre et porter l'indication ci-dessus.

C'est à M. Baron qu'il appartient de poursuivre, s'il y a lieu, M. Forest. La Marine ne peut s'immiscer dans le conflit.

RÉPUBLIQUE FRANÇAISE

Paris, 2 octobre 1897

Le Ministre de la Marine

à Monsieur Paul BARON,

23, rue de la Loge, Montpellier.

Monsieur, par lettre du 18 septembre 1897, vous m'informez que le projet présenté par M. Forest, et primé au concours de sous-marins, ne lui appartient pas en propre et qu'il eût dû être présenté sous le nom de Baron-Forest.

Vous ajoutez que vous faites toutes vos réserves au sujet de l'emploi par mon Département des moteurs à hydrocarbure et électriques combinés.

J'ai l'honneur de vous faire connaître qu'il ne s'agit nullement, pour le moment, de commander ou d'exécuter un sous-marin sur les dessins du projet de M. Forest. Au surplus, dans le cas où tel détail du projet proposé par lui constituerait une invention qui vous fût propre. c'est à vous qu'il appartiendrait de faire valoir vos droits auprès de M. Forest.

Recevez, Monsieur, les assurances de ma considération distinguée.

Pour le Ministre et par son ordre :

Le Vice-Amiral, Chef d'État-major général de la Marine. Directeur du cabinet.

Par délégation :

Le Contre-Amiral, Sous-Chef d'État-major général de la Marine,

Signé : CH. TOUCHARD.

Montpellier, le 4 février 1899.

A Monsieur le Ministre de la marine, Paris

Monsieur le Ministre,

Le Journal l'*Illustration*, portant la date du 28 janvier, annonce que votre Département vient d'ordonner d'adjoindre, dans le bateau sous-marin *Le Narval*, un moteur à pétrole Forest.

Cette information est trop précise pour que je ne la croie pas exacte. Dans ces conditions, je suis autorisé à me demander si le Département de la Marine n'a pas commis à mon égard un grave oubli, ou plus exactement n'a pas méconnu les engagements pris envers moi depuis longtemps déjà.

J'ai l'honneur de vous adresser ci-jointes trois copies de lettres qui suffiront à vous éclairer à ce sujet.

Vous voudrez bien, Monsieur le Ministre, me permettre de vous faire respectueusement observer que, depuis le 9 juin 1886 au 26 juin 1894, la situation de votre Département à mon égard n'a nullement changé, que la situation depuis cette époque jusqu'à ce jour est exactement la même.

Le nom seul du navire et celui de l'auteur des plans ont seuls été modifiés : *Narval,* à la place du *Morse, Leaubeuf* au lieu de *Romazotti.*

Je vous serais très obligé, Monsieur le Ministre, de vouloir bien me faire connaître les raisons, qui ont pu motiver la mise hors de cause de mon nom et de mes droits dans cette nouvelle combinaison.

Je vous prie d'agréer, Monsieur le Ministre, l'assurance de mon profond respect.

Signé : P. BARON.

MINISTÈRE
DE LA MARINE

Direction :
MATÉRIEL

CABINET MILITAIRE
—

BUREAU
Constructions navales

N° *du Cabinet*

NOTA : Les réponses doivent être adressées au Ministre et porter l'indication ci-dessus.

Il n'a pas été installé de moteur à pétrole Forest sur le sous-marin Narval.

RÉPUBLIQUE FRANÇAISE

Paris, le 19 avril 1899.

Monsieur le Ministre de la Marine

à Monsieur BARON,

23, rue de la Loge, Montpellier.

Monsieur, par une lettre en date du 4 février dernier, vous m'avez demandé ce qu'il y avait de fondé dans une information du journal l'*Illustration*, annonçant l'installation sur le sous-marin *Narval* d'un moteur à pétrole Forest.

J'ai l'honneur de vous faire connaître que l'information du journal en question est inexacte. Je vous renvoie, ci-joint, la pièce annexée à votre lettre du 4 février.

Recevez, Monsieur, les assurances de ma considération distinguée.

Pour le Ministre et par son ordre :

Le Directeur du Matériel,

Signé : THIBAUDIER.

Montpellier, le 22 octobre 1899.

MONSIEUR,

Je réponds volontiers à votre lettre du 20 courant relative à une entrevue que nous avons eue à Cette il y a huit à neuf ans, alors que j'étais mécanicien en chef de l'escadre de réserve de la Méditerranée.

Vous veniez de voir l'amiral Vignes, commandant en chef l'escadre, et c'est sur son invitation que vous m'avez donné quelques explications sur votre projet de sous-marin.

En rendant compte à l'amiral de notre entrevue, j'ai appelé particulièrement son attention sur cette idée si heureuse et si pratique de vos deux moteurs combinés : un moteur à hydrocarbure pour naviguer à la surface et charger les accumulateurs, et un moteur électrique pour naviguer sous l'eau. Voilà, lui dis-je, l'idée de l'avenir qui aidera considérablement à la solution des sous-marins en donnant à ces petits bâtiments une autonomie relative.

C'était la première fois que j'entendais parler de ce système ingénieux, et l'amiral Vignes, qui venait de quitter le poste important de chef d'Etat-major général, m'a dit qu'à sa connaissance il n'en avait pas été encore question au Ministère.

Si donc aujourd'hui la Marine construit des sous-marins ou des torpilleurs submersibles en s'emparant de l'idée que vous avez été le premier à lui proposer, il me paraît tout naturel qu'il vous en soit tenu compte.

Veuillez agréer, Monsieur, l'assurance de mes sentiments distingués.

Signé : JULES FULCRAND,

Mécanicien-Inspecteur de la Marine en retraite.

à Monsieur BARON, à Montpellier.

Institut de Chimie

Montpellier, le 14/10 1899.

MONSIEUR LE DIRECTEUR,

Comme membre de l'ancien Comité du sous-marin Baron, je tiens à déclarer :

1° Que M. Baron m'a parlé, dès le commencement de l'année 1888, de son projet d'employer les moteurs à hydrocarbure à bord de son bateau sous-marin ;

2° Que M. Baron a exposé ses idées sur ce sujet en ma présence, à M. de Boisdenemetz, général en chef du XVI° corps d'armée, qui l'a écouté avec un intérêt marqué ;

3° Que les plans publiés par l' « Illustration » peuvent facilement être reconnus comme ceux de M. Baron ;

4° Qu'en 1891, j'ai été reçu par M. Forest qui m'a montré les plans du sous-marin qu'à cette époque il appelait lui-même le sous-marin Baron ;

5° Qu'en 1891, également, j'ai montré les plans et projets du sous-marin Baron à un ingénieur de la maison Normand et Cⁱᵉ, constructeurs de navires au Havre, lequel, après examen, a déclaré qu'on pourrait parfaitement mettre ce sous-marin sur chantier.

Veuillez agréer, Monsieur le Directeur, l'assurance de mes sentiments distingués.

Signé : W. ŒCHSNER DE CONINCK,
Professeur à l'Université.

MONTPELLIER
IMPRIMERIE CENTRALE DU MIDI
(HAMELIN FRÈRES).